Gustave Planche

Salon de 1840

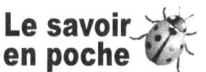

Le savoir
en poche

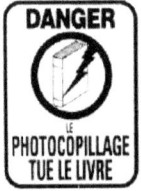
ISBN : 978-1546938026

10 9 8 7 6 5 4 3 2 1

Gustave Planche

Salon de 1840

Le savoir
en poche
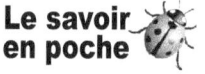

Table de Matières

Salon de 1840   **6**

Salon de 1840

Chaque année le jury du Louvre soulève des plaintes nombreuses ; sans admettre que tous les ouvrages refusés par le jury aient des droits à l'estime publique, nous sommes forcé cependant de croire qu'il se trouve parmi ces ouvrages plus d'un morceau recommandable Il est arrivé, en effet, à des artistes éminents, qui ne partagent pas les convictions du jury, de se voir exclus des galeries du Louvre. Il y aurait un moyen bien simple d'imposer silence à toutes les plaintes, ce serait d'admettre indistinctement tous les ouvrages présentés ; et pour circonscrire l'exposition dans des bornes raisonnables, on ne permettrait pas aux peintres et aux statuaires de présenter plus de deux ouvrages. Tant qu'on n'adoptera pas le système que nous indiquons, les artistes seront exposés à d'inévitables injustices. Il est impossible en effet que M. Blondel approuve la peinture de M. Delacroix, et pourtant, malgré ses défauts, M. Delacroix est un peintre éminent, tandis que M. Blondel est un peintre absolument nul, bien qu'il siège dans la quatrième classe de l'Institut. M. Bidauld ne peut approuver les paysages de M. Huet ou de M. Rousseau, et pourtant MM. Huet et Rousseau ont une valeur incontestable, tandis que M. Bidauld ne signifie rien dans l'histoire de son art, quoiqu'il siège dans la quatrième classe de l'Institut. Le système que nous indiquons est donc le seul que la raison avoue, le seul qui puisse contenter tout le monde, et qui soit sans danger pour le développement de l'art.

Quant à l'indifférence dont se plaignent les artistes contemporains, ils ne doivent chercher qu'en eux-mêmes la cause de cette fâcheuse disposition du public ; si la foule accueille sans empressement l'ouverture du salon, ce n'est pas parce que nous avons un salon tous les ans, mais bien parce que les peintres et les statuaires subissent les salons annuels, au lieu d'en profiter. Les salons annuels ont cela d'excellent, qu'ils permettent à chacun de montrer son œuvre presque aussitôt qu'il l'a terminée ; malheureusement les sculpteurs et les peintres se croient obligés d'exposer chaque année une œuvre nouvelle ; ils se hâtent de produire, et n'envoient trop souvent au Louvre que des œuvres insignifiantes. Il ne tient donc qu'à eux de changer les dispositions du public ; qu'ils produisent lentement, qu'ils prennent tout le temps nécessaire à l'exécution de leurs projets, et l'indifférence fera place à l'attention. Cette année, les ouvrages importants sont en petit nombre : aussi quelques pages nous suffiront-elles pour l'analyse et la critique du salon.

Gustave Planche

Les portraits de M. Hornung, de Genève, étaient annoncés depuis longtemps comme des merveilles destinées à faire une véritable révolution ; Titien, Rubens et Van Dyck n'avaient jamais produit rien de pareil. Nous avons étudié attentivement les portraits de M. Hornung, et nous sommes convaincu en effet que les écoles de Venise et d'Anvers n'ont rien de commun avec les portraits admirés à Genève. Il n'y a pas une des toiles envoyées par M. Hornung qui puisse être comparée aux têtes de Titien, de Rubens et de Van Dyck ; nous adoptons pleinement l'opinion émise par les admirateurs de M. Hornung. Les écoles de Venise et d'Anvers se recommandent par la franchise, par la vérité de la couleur, et ne négligent jamais ce qui peut donner au visage humain de l'élégance et de la grandeur ; or, on ne trouve rien de pareil dans les portraits de M. Hornung. J'accorderai, si l'on veut, qu'il a fallu, pour achever ces portraits, une patience miraculeuse, une adresse remarquable ; mais il m'est absolument impossible d'y découvrir quelque chose qui appartienne à l'art de la peinture, tel que l'ont compris les maîtres illustres dont l'histoire a gardé le nom. Toutes les chairs peintes par M. Hornung rappellent uniformément le ton de l'ivoire enfumé ; les cheveux et la barbe ressemblent tantôt à des fils d'acier, tantôt à des fils de verre. Il n'y a là rien qui relève de la réalité. Lors même que M. Hornung eût réussi à transcrire littéralement les modèles qui ont posé devant lui, ses portraits seraient encore bien loin de défier la critique ; car personne n'ignore que Titien, Rubens et Van Dyck ne se sont jamais contentés de copier les modèles qu'ils avaient sous les yeux. Tous les artistes éminens ont compris la nécessité d'interpréter la nature pour lutter avec elle. M. Hornung est bien loin d'avoir transcrit la réalité ; les modèles de ses portraits n'existent certainement nulle part ; on ne trouve en aucun pays des visages d'ivoire et des cheveux d'acier. Pour donner à ses portraits un accent de vérité, M. Hornung a cru devoir étudier à la loupe les détails les plus mesquins du visage ; il a dressé, procès-verbal de toutes les taches qui se rencontraient sur la peau de ses modèles, et sans doute il a trouvé parmi ses amis de nombreux approbateurs. Mais il n'y a rien de commun entre la tâche du peintre et l'office du greffier. Les gerçures des lèvres, les rides et les verrues ne sont pas et ne seront jamais la partie importante de la peinture. Or, il y a tel portrait de M. Hornung dont les lèvres rappellent le ton d'une muraille moisie, tel autre dont les tempes sont ornées d'une foule de caps et de promontoires. Il est possible que la famille et les amis du modèle pleurent de joie et d'admiration en regardant ces portraits ; pour nous qui n'avons à juger dans ces œuvres que le mérite de la peinture, nous sommes forcé de déclarer que les éloges prodigués à M. Hornung sont fort exagérés. La patience et l'adresse sont assurément deux qualités très recommandables, mais ne sauraient suffire pour faire un bon portrait. Si M. Hornung veut garder la réputation dont il jouit dans sa patrie, je lui conseille de ne plus rien envoyer au Louvre.

Les dix portraits envoyés par M. Champmartin ne valent pas ceux qui ont fondé la juste célébrité de l'auteur. Parmi ces dix têtes, il n'y en a pas une qui puisse être comparée aux portraits de M. Portal, de M. Desfontaines ou de M. le duc de Fitz-James. Les trois portraits dont nous parlons ne se distinguaient pas seulement par une rare habileté, et révélaient une étude patiente, le désir ardent de lutter avec la nature. À l'époque où M. Champmartin peignait ces ouvrages si légitimement admirés, il variait ses procédés selon le caractère spécial de ses modèles ; l'étude de chaque tête lui suggérait des moyens nouveaux et inattendus. Quoiqu'il fût déjà depuis longtemps sûr de sa main, quoique le pinceau obéît à sa volonté, il se contentait difficilement, et le public s'en trouvait bien. Aujourd'hui, nous le disons avec regret, M. Champmartin n'est pas assez sévère pour lui-même, et néglige trop souvent d'étudier le caractère spécial des têtes qui posent devant lui. Quand il rencontre un modèle dont le caractère s'accorde avec les habitudes de son pinceau, il réussit à peu près à le copier ; mais lorsqu'il a devant lui une tête d'une construction et d'une physionomie originale, il ne prend pas la peine d'en saisir la vraie signification, et il en supprime tous les traits caractéristiques avant de la transporter sur la toile. Ce que je dis est facile à vérifier sur le cadre que M. Champmartin a envoyé cette année ; car la plupart des modèles qui figurent dans ce cadre sont connus d'une grande partie du public. Sur dix têtes, il en est cinq dont je peux discuter la ressemblance : MM. Henriquel Dupont, Émile Deschamps, Ricourt, Jules Janin, Eugène Delacroix. Or, entre ces cinq têtes, deux seulement, celles de MM. Ricourt et Janin, sont assez fidèlement reproduites. Assurément la ressemblance, prise dans le sens littéral du mot, sera toujours une question très secondaire ; il n'y a guère que la famille et les amis du modèle qui puissent s'en inquiéter sérieusement. Mais la ressemblance prise dans le sens le plus élevé intéresse directement la peinture, car il faut à chaque tête un caractère individuel ; il faut que chaque tête ait une physionomie spéciale. Eh bien ! MM. Henriquel Dupont, Émile Deschamps et Eugène Delacroix ont une physionomie que M. Champmartin n'a pas saisie. Dans le masque de M. Eugène Delacroix, la charpente osseuse est beaucoup plus vivement accusée ; le visage de M. Henriquel Dupont n'a ni l'embonpoint ni l'indolence que l'auteur lui a donnés ; M. Émile Deschamps offre un mélange de politesse et d'ironie que nous ne retrouvons pas dans son portrait. MM. Janin et Ricourt sont assez fidèlement copiés ; cela tient évidemment à ce que MM. Ricourt et Janin ont une physionomie plus facile à saisir que celles de MM. Dupont, Deschamps et Delacroix. Si M. Champmartin se fût attaché à étudier avec persévérance chacun des modèles qui posaient devant lui, ses portraits ne seraient pas seulement d'une plus grande ressemblance, ils seraient meilleurs sous le rapport même de la peinture, car ils auraient l'individualité qui leur manque, et la variété des lignes eût amené la variété des tons. Tel qu'il est, le cadre envoyé par M. Champmartin révèle une incontestable habileté, mais n'offre qu'une réunion d'œuvres incomplètes.

M. Amaury-Duval, aveuglé par les louanges de ses amis, s'éloigne de plus en plus de la vérité. Les portraits de M. Alexandre Duval, de M. Barre et de Mme Menessier-Nodier, méritent tous à peu près le même reproche. Chacun de ces portraits est conçu dans le même système, et entaché des mêmes défauts. Je ne parle pas de la couleur grise et terne de ces trois ouvrages, car M. Amaury-Duval, élève de M. Ingres, considère l'éclat de la couleur comme contraire à l'élévation, à la pureté du style ; mais les ombres portées sont ridiculement exagérées, et le dessin de ces trois portraits ne peut résister à l'analyse. La main gauche de Mme Menessier équivaut tout au plus aux deux tiers de sa main droite, et l'avant-bras droit tout entier est d'une forme absolument inacceptable. Les paupières supérieures ont une épaisseur fabuleuse, et l'ombre des narines ressemble à une tache d'encre. C'est un portrait sans charme, sans jeunesse et sans élégance. Le portrait de M. Alexandre Duval est d'une incorrection non moins choquante ; la cuisse gauche a tout au plus la moitié de la longueur qu'elle devrait avoir ; il est évident que si le modèle se levait et voulait marcher, il serait obligé d'avoir recours à une béquille. Le portrait de M. Barre, supérieur aux deux toiles dont nous venons de parler, reproduit très infidèlement le caractère de l'original. La tête de M. Barre est fine, attentive, intelligente, mais elle n'est ni sèche ni cernée comme la tête peinte par M. Amaury Duval. L'œil du modèle est vif, l'œil du portrait est immobile et terne. L'ombre de la voûte de l'orbite sur la paupière supérieure, et l'ombre du nez sur les lèvres, sont découpées avec une dureté dont la nature n'offre certainement aucun exemple. La main droite ne semble pas appartenir au bras ; on dirait qu'elle est accrochée à la muraille. Non-seulement l'avant-bras n'est pas visible, mais le mouvement général de la main indique l'absence de la vie.

Le portrait de Mme Oudiné, par M. Hippolyte Flandrin, est très supérieur aux portraits de M. Amaury-Duval. La couleur manque de charme, mais le masque est généralement modelé avec une grande fermeté. L'attitude du modèle, disgracieuse et maniérée, offrait malheureusement à M. Flandrin un écueil qu'il n'a pas su éviter. La position de la main gauche l'obligeait à marquer avec une grande précision la saillie inférieure des os de l'avant-bras :: or, cette saillie dans le portrait de Mme Oudiné est marquée environ un demi-pouce trop haut ; la distance qui sépare le poignet de la naissance des phalanges acquiert ainsi une dimension démesurée. Malgré ces défauts, ce portrait se recommande par un mérite incontestable.

M. Cornu a traité avec une remarquable habileté les portraits de M. et de Mme Aguado ; ces deux toiles se distinguent par une grande sagesse de dessin. Toutefois, le bras droit du premier de ces portraits pourrait être posé plus heureusement et gagnerait beaucoup à se rapprocher du corps. J'adresserai au portrait de Mme Aguado un reproche en sens inverse ; dans cette toile, le coude du bras droit se confond avec le corps et donne une ligne peu agréable. Je voudrais que la robe fût un peu moins longue et laissât mieux voir les pieds ; ainsi dégagée, la figure deviendrait plus élégante. Le portrait de Mlle Rachel, par M. Charpentier, rappelle assez infidèlement la couleur et l'expression du visage de la jeune tragédienne. M. Charpentier n'a pas voulu copier littéralement la réalité qu'il avait sous les yeux ; nous sommes loin de blâmer cette résolution, mais une fois décidé à interpréter le visage qu'il voulait peindre, il devait s'attacher à en saisir le sens intime, afin d'exagérer logiquement les traits caractéristiques de son modèle. Or, c'est ce qu'il n'a pas fait ; nous ne retrouvons dans le portrait de Mlle Rachel ni le dédain ni l'ironie qui constituent l'originalité de cette jeune fille : la tête peinte par M. Charpentier n'exprime guère que l'ennui. Les lignes du visage sont plus pures, plus correctes que dans le modèle ; mais l'accent a disparu. Le portrait de M. Guyon mérite à peu près les mêmes reproches ; le modèle exprime plutôt l'énergie que la rêverie. Or, dans le portrait peint par M. Charpentier, la tête réfléchit et ne veut pas. Si l'auteur veut obtenir dans la peinture de portrait des succès durables, il faut qu'il se tienne en garde contre ses habitudes d'amoindrissement, car les portraits de Mlle Rachel et de M. Guyon auraient beaucoup plus de valeur, si M. Charpentier eût accepté franchement l'expression habituelle de ces deux têtes.

Gustave Planche

Les portraits de M. Dubufe surpassent en laideur et en gaucherie tout ce que nous avons vu jusqu'ici. Il est impossible d'imaginer un dessin plus ridiculement ignorant ; une couleur plus honteusement fausse. Il n'y a pas une des femmes peintes par M. Dubufe qui puisse marcher ou lever le bras. Le succès des portraits de M. Dubufe prouve malheureusement que le goût de la peinture n'est pas aussi répandu en France qu'on se plaît à le dire, car il n'y a rien de commun entre la peinture et M. Dubufe. Il trouve moyen d'enlaidir les plus beaux visages, de donner aux bouches les plus fines, aux regards les plus intelligents, une expression triviale. Disons-le franchement, la popularité de M. Dubufe, trop évidente pour être contestée, est un véritable scandale. Il n'y a pas une auberge de village dont l'enseigne ne vaille, pour la couleur et le dessin, les portraits de M. Dubufe. Tant que M. Dubufe ne se lassera pas de peindre, la critique ne devra pas se lasser de répéter que les portraits de M. Dubufe sont hideux et difformes ; elle ne devra pas se lasser de dire aux gens du monde, pour qui la peinture n'est qu'un délassement et n'a jamais été une étude, que M. Dubufe ne sait dessiner ni une tête ni une main, que les yeux de ses portraits ne regardent pas, que leurs mains n'ont pas de phalanges, que leurs bouches ne pourraient parler ; enfin, qu'il a mis au monde toute une génération de monstres sans nom, qui n'ont rien à démêler avec la race humaine.

La Justice de Trajan, de M. Eugène Delacroix, est le plus beau tableau du salon de cette année. Il est facile de relever dans cet ouvrage plusieurs fautes de dessin ; mais ces fautes sont amplement rachetées par une multitude de qualités du premier ordre. Le second et le troisième plan de *la Justice de Trajan* rappellent les toiles les plus éclatantes de l'école vénitienne. L'architecture est conçue et rendue avec une largeur, une simplicité, une harmonie, qui réveillent dans tous les esprits le souvenir des *Noces de Cana*. S'il est vrai, comme on l'assure, que *la Justice de Trajan* ait soulevé dans le jury du Louvre une vive résistance, s'il est vrai que cette toile admirable, refusée d'abord, n'ait été reçue qu'à la majorité d'une voix, on ne saurait trop déplorer l'aveuglement de la quatrième classe de l'Institut ; car, parmi les peintres qui siègent à l'Institut, il n'y en a certainement pas un seul capable d'exécuter, encore moins de concevoir *la Justice de Trajan*. Il ne faut pas un grand savoir pour signaler les fautes de dessin qui se rencontrent dans le premier plan de cet ouvrage, il ne faut pas une grande sagacité pour voir en quoi pèche le cheval de Trajan ; mais pour assembler toutes les parties dont se compose ce tableau, pour créer cette foule qui regarde et qui écoute, il faut être doué de facultés bien rares, il faut avoir reçu du ciel ce que l'école n'enseignera jamais, le sentiment de la grandeur et de l'énergie. Il n'y a qu'un peintre vraiment digne de ce nom qui puisse concevoir *la Justice de Trajan* ; c'est pourquoi la critique la plus sévère, tout en faisant ses réserves contre les taches qu'elle découvre sans peine dans le premier plan de ce tableau, doit le signaler hautement à l'admiration de la foule. Les défauts sont constants, mais les beautés sont innombrables et de l'ordre le plus élevé. Il n'y a dans cette toile aucun effet puéril, aucune combinaison mesquine ; c'est de la peinture franche et hardie qu'il faut admirer, parce qu'elle est belle et que les œuvres de cette valeur ne se comptent pas aujourd'hui par centaines.

L'Ouverture des États-Généraux en 1789, de M. Couder, offre plusieurs morceaux d'une exécution recommandable ; plusieurs groupes de cette toile se distinguent par la précision et la réalité ; on reconnaît surtout dans le tiers-état une grande habileté de pinceau. Mais l'ensemble de cette composition est loin d'être satisfaisant ; le mélange malheureux du blanc et du violet donne à toute la toile un aspect singulier ; on croit voir un effet de neige. Ajoutons que les figures sont distribuées d'une manière que la peinture ne saurait avouer ; il y a dans cette toile des trous qui s'opposent invinciblement à toute espèce d'harmonie linéaire. Si le programme donné à M. Couder lui a prescrit de faire ce que nous voyons, le programme a eu tort. Il est possible que ce tableau soit conforme au procès-verbal de la séance, mais il n'est certainement pas conforme aux lois de la peinture. Il fallait laisser au peintre la liberté de traiter la donnée historique selon les convenances et les besoins de son art.

Le 18 brumaire de M. Bouchot, inférieur aux *États-Généraux* de M. Couder, donne lieu aux mêmes observations. Je ne peux pas croire que l'auteur justement applaudi des *Funérailles de Marceau* ait agi librement en étalant sur sa toile cette multitude de manteaux rouges. La tête de Bonaparte n'est pas bonne ; mais il y a dans cet ouvrage assez de preuves de talent pour qu'il soit permis de penser que M. Bouchot, livré à lui-même, eût produit un tableau très supérieur à celui que nous voyons.

La Mort du président Brisson, de M. Alexandre Hesse, est complètement dépourvue de style ; si le livret n'était là pour nous expliquer le sujet du tableau, il serait impossible de deviner à quelle classe appartiennent les personnages. Toutes les têtes sont conçues et rendues avec la même trivialité.

Si les Belges admirent, comme on le dit, le talent de M. Keyser, il faut qu'ils aient cessé de comprendre le mérite de Rubens, car *la Bataille de Woeringen* n'est qu'un assemblage de lieux communs parfaitement insignifiants et très incorrectement dessinés. La toile est garnie et n'est pas pleine ; le regard ne sait où se poser et ne rencontre pas une seule figure qui le séduise par la hardiesse des contours ou le charme de la couleur ; il y a tels papiers peints que je préfère à *la Bataille de Woeringen*.

Le Colloque de Poissy, de M. Robert Fleury, offre une réunion de têtes attentives et finement modelées ; la scène est bien comprise et traitée de manière à intéresser le spectateur. Ce tableau est, à notre avis, très supérieur aux précédents ouvrages de l'auteur. On peut reprocher à M. Robert Fleury d'avoir placé toutes ses figures sur le même plan, ou à peu près ; on peut lui dire que la salle où ses personnages sont réunis manque de profondeur : mais il faut louer les expressions variées qu'il a su donner à ses têtes, sans distraire l'attention du spectateur par aucun épisode puéril. On reconnaît dans ce tableau le désir de bien faire et de caractériser nettement l'action dans laquelle sont engagés les personnages ; on voit que M. Robert Fleury s'est contenté lentement et difficilement. La couleur de cette toile n'a rien de séduisant, mais les tons sont heureusement assortis et composent un ensemble d'une harmonie très suffisante. M. Robert Fleury n'avait pas encore traité de sujet aussi important que *le Colloque de Poissy* ; le succès de ce tableau doit l'engager à persévérer dans la voie où il vient d'entrer.

Le *Saint Jean* de M. Gleyre obtient un succès légitime ; la tête, les mains et la draperie sont étudiées avec soin et rendues avec une grande habileté. La couleur est vigoureuse, le dessin pur, le mouvement naturel. La tête, éclairée en plein, exprime très bien l'extase dans laquelle est plongé saint Jean ; envisagé sous le rapport de la réalité, le masque entier ne mérite que des éloges, mais on peut lui reprocher de n'être pas assez idéalisé. L'expression du visage est ce qu'elle doit être ; les lignes n'ont pas la grandeur et la simplicité qu'elles devraient avoir. Telle qu'elle est cependant, cette figure mérite d'être signalée à l'attention publique, car elle révèle chez l'auteur un remarquable talent d'exécution, une largeur de pinceau qui demanderait à être appliquée sur une grande échelle. Malgré l'absence d'idéal que nous reprochons à la tête de saint Jean, il est évident que M. Gleyre traiterait avec bonheur les sujets religieux ; il y a dans l'attitude et dans les draperies du *Saint Jean* l'élévation de style qui convient aux compositions bibliques.

Entre les trois paysages de M. Corot, il en est un dont la composition ne laisse rien à désirer, celui qu'il a nommé *soleil couchant* ; les terrains, les arbres, le ciel et le pâtre forment un ensemble harmonieux qui charme les juges les plus sévères. C'est un paysage sur lequel on aimerait à reposer souvent ses yeux. Jamais M. Corot n'a réussi à exprimer si bien sa pensée ; malheureusement, l'exécution des diverses parties de ce tableau est loin de répondre à la composition. Les arbres, dont les masses sont bonnes, ne peuvent être vus de près, tant il y a de gaucherie et de mollesse dans le tronc, les branches et le feuillage ; la figure du pâtre admirablement placée est d'un dessin très insuffisant. Toutefois, ce paysage est d'un aspect délicieux, et cause le même plaisir que la lecture d'une belle idylle antique. Cette année encore, les toiles de M. Marilhat sont fort au-dessous des premiers ouvrages de l'auteur. Pour éviter la crudité de tons qu'on lui reprochait à l'époque de ses débuts, il s'est jeté dans je ne sais quelle peinture qui n'appartient précisément à aucune école, qui ne vise ni à la ligne, ni à la couleur ; il semble fuir l'originalité comme un piège ; il fouille dans ses cartons et il transcrit ses souvenirs d'Orient sans se donner la peine de composer un tableau. Si M. Marilliat ne se hâte de prendre sa revanche, il réussira bientôt à faire oublier l'éclat de ses débuts. La vue du *Château d'Arques* de M. Paul Huet offre plusieurs parties recommandables : je crois pouvoir louer en toute assurance la couleur de la colline, le fond et le ciel ; mais je ne saurais approuver le ton des arbres placés sur le devant du tableau, toute cette partie de la toile est d'une crudité qui fait tache. Tout en respectant le contraste que M. Huet a voulu établir entre le second et le troisième plan de son tableau, il conviendrait, je crois, d'adoucir le ton des arbres et de leur donner un peu plus de légèreté. Les paysages de M. Cabat n'offrent pas toutes les qualités de ses précédents ouvrages, et les défauts de l'auteur deviennent plus sensibles à mesure qu'il agrandit le cercle de ses compositions. Égaré par l'amour de la précision, il se croit obligé d'amener au même degré d'exécution tous les plans de ses tableaux ; ainsi, dans la vue du *Lac de Némi*, les fonds sont aussi faits que les devants, ce qui nuit singulièrement à l'effet. Cet amour exagéré de la précision choque plus vivement encore dans la toile que M. Cabat nomme *le Samaritain* ; la route placée à droite du tableau offre d'un bout à l'autre la même solidité, de telle sorte que l'extrémité supérieure paraît être aussi voisine de l'œil que l'extrémité inférieure. Toute la partie gauche du tableau est traitée avec une rare habileté ; mais, quel que soit le mérite de cette composition, nous croyons que l'importance du paysage ne s'accorde pas avec l'étendue de la toile : réduit aux deux tiers de son étendue, le paysage de M. Cabat aurait certainement plus de valeur. Quant à la parabole chrétienne que M. Cabat croit avoir encadrée dans son paysage, je dois dire qu'elle ne me semble pas faire partie de la composition. Lorsque Poussin conçoit un paysage historique, il a toujours soin de placer ses personnages de façon à les rendre nécessaires ; s'ils disparaissaient, le paysage serait incomplet. Or, dans *le Samaritain* de M. Cabat, les personnages, loin d'être nécessaires, ne sont pas même utiles ; qu'ils soient absous ou présents, le paysage a le même sens et la même valeur. M. Cabat a donc maintenant deux choses à étudier, le côté optique et le côté poétique du paysage ; il faut qu'il tienne compte de l'éloignement dans l'exécution des différents morceaux, et qu'il apprenne l'art si difficile de relier étroitement les figures et le paysage.

La *Vue de Constantinople*, de M. Gudin, est un lazzi pareil aux précédentes improvisations de d'auteur. Dans cette toile dont la couleur ne saurait être définie, il est impossible de saisir la forme d'aucun objet. M. Gudin a traité Constantinople comme il avait traité si souvent l'Italie ; le tableau qu'il a exposé cette année, n'apprendra rien aux ignorants et ne rappellera rien à ceux qui ont vu, car le ton beurré qu'il a étalé sur sa toile n'appartient à aucun climat ; c'est une composition exécutée avec une déplorable facilité. L'*Entrée du port de Marseille* de M. Eugène Isabey comptera certainement parmi les meilleurs ouvrages de l'auteur ; le ton des eaux est d'une vérité parfaite ; les navires sont exécutés avec une adresse miraculeuse. Il est fâcheux que la forme de la toile nuise à l'effet de cette composition, il y aurait de l'avantage à supprimer le tiers supérieur de ce tableau.

Le *Strafford* de M. Paul Delaroche, gravé par M. Henriquel Dupons, est un chef-d'œuvre de précision et de pureté ; toutes les parties de cette planche sont traitées avec un soin scrupuleux et une habileté rare. Les têtes, les vêtements, la pierre, sont rendus avec une patience et une finesse qu'il est, je crois, impossible de surpasser. Nous n'avons que des éloges à donner à M. Dupont ; mais nous croyons que chacun, en étudiant cette planche, comprendra toute l'insuffisance, toute la vacuité de la composition de M. Paul Delaroche. La gravure est une épreuve décisive, une épreuve que les œuvres secondaires n'affrontent jamais impunément. Le *Strafford* est un des tableaux où M. Delaroche a montré le plus de talent et de savoir dans l'exécution des morceaux ; malheureusement cette toile est vide, et ce défaut, que la couleur dissimulait à grand'peine, est tout-à-fait choquant dans la gravure. M. Dupont a fait tout ce qu'il pouvait faire ; il a eu beau varier le travail de son burin, il ne lui était pas donné de garnir le vide laissé sur la toile par M. Paul Delaroche.

Le portrait de M. Guizot, gravé par M. Calamatta, n'est pas indigne de l'artiste habile qui a si dignement traduit le *Vœu de Louis XIII*. Le masque et les mains sont rendus avec une souplesse, une vérité qui ne laisse rien à désirer. La taille adoptée pour le vêtement est d'un bon effet sous le rapport de la couleur ; toutefois je ne conseillerais pas à M. Calamatta de prendre ce parti à l'avenir, car dans le portrait qui nous occupe, la couleur est obtenue aux dépens de la forme. Il est nécessaire de varier le travail de la gravure selon la nature des objets qu'il s'agit de représenter, mais le burin ne doit jamais oublier la forme pour la couleur. Malgré le défaut que je signale, le portrait de M. Guizot est une œuvre qui ferait honneur aux plus habiles. La peinture de M. Paul Delaroche offrait au graveur de grandes difficultés, car la tête se détache sur un fond de marbre blanc. Cette donnée absurde et manifestement contraire aux conditions de la peinture ne pouvait être traduite que par un artiste du premier ordre. La manière dont la tête se présente n'est pas choisie plus heureusement que le fond du portrait ; le nez est séparé de la bouche par un intervalle beaucoup trop grand : or, si la tête eût été vue de face, une partie de cet intervalle eût été dissimulé par l'ombre du nez. M. Calamatta a traduit cette seconde faute, comme la première, avec une fidélité victorieuse.

La Transfiguration, gravée par M. Desnoyers, est une œuvre consciencieuse qui mérite d'être étudiée attentivement. L'auteur a traité avec soin le contour et l'expression de chaque tête, et sous ce rapport la gravure de M. Desnoyers me paraît très supérieure à celle de Raphaël Morghen. Dans cette dernière planche, en effet, le ciel, les terrains, les vêtements et les têtes sont rendus à l'aide d'un procédé uniforme ; la planche entière ressemble à un réseau d'acier. M. Desnoyers a varié son travail selon la nature des objets qu'il avait à rendre aussi sa gravure se distingue-t-elle par une admirable clarté. Je reprocherai aux vêtements un peu de lourdeur. Pour juger d'une façon décisive la fidélité de cette traduction, il faudrait avoir vu l'œuvre de Raphaël. Toutefois j'incline à penser que la toile placée au Vatican offre une harmonie de couleur qui ne se trouve pas dans la gravure de M. Desnoyers.

Cette année, les ouvrages de sculpture sont en petit nombre. Il nous est impossible de contrôler la conduite du jury, car nous n'avons pas sous les yeux les ouvrages qu'il a refusés. Toutefois il nous est difficile d'admettre que les ouvrages refusés soient très inférieurs aux sept huitièmes de ceux que nous voyons. S'il fallait s'en rapporter aux on dit, le jury aurait prononcé à peu près au hasard sur l'admission et l'exclusion des ouvrages envoyés au Louvre. Résolu d'avance à ne recevoir qu'un petit nombre de morceaux, il aurait consulté son caprice plus souvent que la raison. Cette hypothèse, qui pourra paraître impertinente, n'est cependant pas dépourvue de vraisemblance ; car le public n'a pas oublié que le jury du Louvre a refusé, il y a quatre ans, tous les groupes envoyés par M. Barye. Or, ces groupes, qui sont aujourd'hui chez M. le duc d'Orléans, ont été pendant plusieurs jours exposés chez M. Aimé Chenavard, et chacun a pu se convaincre de l'injustice du jury. Quels que soient les motifs de la décision prise, il y a quatre ans, par la quatrième classe de l'Institut à l'égard de M. Barye, il est certain que cette décision est absurde, et qu'aucun raisonnement ne saurait la justifier. Il n'est pas moins certain que pas un de MM. les membres de la quatrième classe n'est capable de faire un groupe d'animaux comparable aux groupes dont nous parlons, pour l'énergie des attitudes, la science anatomique, et la finesse de l'exécution. Quoique les sculpteurs d'un mérite aussi éminent ne soient pas nombreux, il n'est donc pas impossible qu'il y ait parmi les ouvrages refusés des morceaux égaux, sinon supérieurs, à la plupart de ceux que nous voyons au Louvre.

M. Cortot, l'un des membres du jury, a exposé un groupe de deux figures, *Jésus-Christ sur les genoux de la Vierge*. Ce groupe, exécuté en bronze doré pour l'église de Notre-Dame-de-Lorette, se distingue par une vulgarité générale. Les lignes sont loin d'être heureuses, les têtes ont une expression difficile à déterminer, et les draperies sont ajustées avec une gaucherie, une lourdeur dont la sculpture offre bien peu d'exemples. Si, laissant de côté toute la partie poétique de la statuaire à laquelle M. Cortot paraît n'avoir pas songé, nous étudions ce groupe sous le rapport de la réalité, nous ne serons guère plus satisfait. La tête de la Vierge est modelée avec une sécheresse, une dureté qu'on a peine à concevoir. Puisque M. Cortot renonçait à consulter la tradition, et ne voulait reproduire aucun des types de la Vierge-mère créés par la peinture et la statuaire pendant le XIVe, le XVe et le XVIe siècle, il devait naturellement consulter la nature vivante. Or, la nature vivante ne fournit pas les éléments dont M. Cortot a composé la tête de la Vierge : ni le front, ni les yeux, ni les lèvres n'appartiennent à la réalité ; les mains se composent de phalanges courtes, et sont absolument dépourvues d'élégance. Quant au Christ, il mérite des reproches encore plus sévères. Non-seulement la tête n'a rien de divin, rien même d'élevé, non-seulement les plans musculaires du torse et des membres sont modelés avec une rondeur et une monotonie désespérantes ; mais les jambes ne pendent pas. Le groupe de M. Cortot ne relève, ni de l'art antique, ni de l'art chrétien ni de la réalité ; l'auteur n'a consulté ni la tradition ni la nature : aussi ne faut-il pas s'étonner s'il a produit une œuvre dépourvue de vie aussi bien que de beauté. Le *Soldat de Marathon*, placé aux Tuileries, dont l'attitude est si ridicule, et présente des lignes si malheureuses, est certainement très supérieur par l'exécution au groupe dont nous parlons ; car s'il manque de hardiesse et de grandeur, il offre du moins plusieurs parties étudiées et rendues avec soin. Le groupe exposé au Louvre, nul sous le rapport poétique, n'est qu'une imitation très infidèle de la réalité.

La *Flora* de M. Bosio est fort inférieure à la *Salmacis* du même auteur. En effet, quoique la *Salimacis* soit très loin de mériter les éloges dont on l'a comblée, elle révèle chez M. Bosio un désir sincère de lutter avec la nature. Cet ouvrage est d'une réalité mesquine, d'un caractère grêle et chétif ; mais il a fallu, pour obtenir ce résultat, sinon un grand talent, du moins une rare patience, une attention soutenue : il est évident que M. Bosio a donné dans ce morceau la mesure complète de ses facultés. La *Flora* est modelée avec une rondeur, une mollesse qui ne se trouvent pas dans la *Salmacis*. Je ne parle pas de la tête, dont l'insignifiance ne peut être dépassée, car dans ses meilleurs ouvrages M. Bosio n'a jamais paru accorder au masque humain une grande importance ; mais il n'y a pas une seule face de la figure de Flora qui offre des ligues heureuses. Les hanches sont à peine accusées et manquent de jeunesse ; le cou et les épaules se composent de plans confus, et n'offrent pas une seule partie qui rappelle la nature. Quant à la poitrine, qui a l'intention évidente de lutter avec la réalité, elle n'offre qu'un ensemble de détails mesquins que la sculpture doit s'interdire sévèrement. M. Bosio, dans la poitrine de sa *Flora*, s'est efforcé de transcrire tous les plis de la peau qui frissonne, et il n'a réussi qu'à produire une masse maigre et informe. La ceinture, le ventre et les cuisses, quoique empreints d'une mesquinerie moins blessante, ne sont cependant pas plus dignes d'éloges ; les deux avant-bras choqueront les yeux les moins clairvoyants par leur singulière brièveté ; la draperie jetée sur les cuisses n'est qu'un haillon mouillé. Les pieds de la *Flora* ont une forme que la statuaire ne saurait avouer. Je ne dis pas que cette forme ne se rencontre jamais dans la nature ; mais tout ce qui est n'est pas bon à imiter, et copiés ou non, les pieds de cette figure sont d'une laideur

Gustave Planche

repoussante. L'espace compris entre la partie inférieure de la jambe et la naissance des phalanges est modelé d'une façon absurde ; je dois dire la même chose de l'espace compris entre le talon et l'origine du gros orteil. Il y a sans doute des pieds pareils aux pieds de la *Flora* ; mais un pied ainsi fait ne peut exécuter régulièrement les mouvements nécessaires à la progression. Si la figure de M. Bosio se levait, elle marcherait sans élégance et sans rapidité ; car pour que la marche soit élégante et rapide, il est absolument indispensable que le talon soit séparé du gros orteil par une arcade élevée, et cette arcade ne peut exister sans que le dos du pied présente une courbure qui ne se trouve pas dans les pieds de la *Flora*. Dans le cas particulier qui nous occupe, comme dans toutes les questions qui concernent la forme du corps humain, la beauté peut se déduire de l'utilité et réciproquement. La *Flora* de M. Bosio, construite et modelée d'une façon contraire à l'exécution régulière des mouvements, est complètement dépourvue de beauté. Cependant il est probable que cette figure sera louée ; il se trouvera des yeux assez peu exercés pour confondre la rondeur avec l'élégance. La contradiction que nous prévoyons n'a rien qui doive étonner, car la statuaire est plus difficile à juger que la peinture. Pour connaître les lois de la beauté et pour les appliquer à la forme dépouillée de la couleur, il faut une attention patiente qui n'est pas du goût de tout le monde. Mais ceux qui ont comparé maintes fois les monuments de l'art grec et les types les plus beaux de la nature vivante, sont amenés nécessairement à déclarer que la *Flora* de M. Bosio n'est ni réelle ni belle, et ne relève ni de la tradition ni de l'imitation littérale de la nature.

Le *vase funéraire* de M. Pradier se recommande par une grande habileté d'exécution. Les bas-reliefs sculptés sur la panse offrent une foule de détails très fins, et sont traités avec une rare délicatesse. Le quadrige rappelle heureusement les chevaux des Panathénées, l'imitation est évidente ; mais, pour copier les monuments de l'art grec, il faut plus que de la patience et de l'attention, il faut allier au sentiment de l'élégance et de la simplicité une pratique savante. Quelle que soit ma prédilection pour l'originalité, je suis donc loin de reprocher à M. Pradier d'avoir consulté les Panathénées pour composer son vase funéraire, car l'imitation que je signale n'a rien de littéral ni de servile, je crois d'ailleurs que le type emprunté à Phidias est mieux placé que le type réel dans une composition allégorique. Lors même que M. Pradier eût été familiarisé par ses études personnelles avec les formes du cheval, il eût encore bien fait de s'adresser à l'art grec et de demander conseil au Parthénon. Il n'y a pas en effet, parmi les débris de l'antiquité, un seul ouvrage dont la contemplation soit plus profitable ; il n'y en a pas un qui enseigne plus clairement la simplification et l'agrandissement de la réalité. J'accorderai, si l'on veut, que les chevaux de Géricault sont plus près de la nature que les chevaux de Phidias ; mais je crois que M. Pradier eût commis une maladresse en s'efforçant de reproduire le type des chevaux de Géricault : il y a dans la panse de ce vase une souplesse de modelé à laquelle nous devons applaudir. L'auteur, on le sait, ne se contente pas de modeler en glaise ce qui doit être traduit en marbre ; il n'abandonne pas au praticien le soin de reproduire littéralement d'un bout à l'autre ce qu'il a fait avec son ébauchoir. Habitué dès longtemps à tailler le marbre il participe personnellement au travail du praticien ; cette habitude constante lui donne une grande supériorité sur la plupart des sculpteurs d'aujourd'hui. Quelle que soit la précision des moyens employés par le praticien pour la reproduction des modèles, il est probable que la panse de ce vase funéraire n'offrirait pas la souplesse que nous admirons, si M. Pradier ne maniait pas le ciseau aussi facilement que l'ébauchoir ; les ornements bien choisis ont l'avantage de ne pas distraire l'attention. Quant aux deux figures agenouillées qui forment les anses du vase, je ne saurais les approuver, car elles ne sont pas traitées dans le même style que les bas-reliefs de la panse. Le motif de ces deux anses est plein de grace et de simplicité ; mais, pour s'accorder avec les bas-reliefs, il aurait dû être traité dans le style de la renaissance : or, la draperie de ces deux anges se rattache évidemment à l'art gothique. Le style des deux anses contredit donc formellement le style des bas-reliefs ; comment M. Pradier est-il arrivé à commettre une faute si facile à découvrir ? Comment n'a-t-il pas compris qu'il devait choisir dans l'art chrétien le moment qui se rattache à l'art païen par l'élégance des formes et la souplesse des draperies ? Je pose la question et ne me charge pas de la résoudre. Traités dans le style de la renaissance les deux anges se fussent parfaitement accordés avec les deux bas-reliefs ; tels qu'ils sont, ils semblent raides et à peine ébauchés. Il est fâcheux qu'un artiste aussi habile que M. Pradier se préoccupe à peu près exclusivement de l'exécution, et combine avec tant de légèreté les diverses parties de ses ouvrages, car cette inconcevable étourderie, sans diminuer le talent incontestable de l'auteur, nuit singulièrement à l'effet de ses œuvres. Le mérite du vase dont nous parlons ne peut être mis en question ; l'élégance générale de la forme, le mouvement des figures, le choix des ornements, le motif ingénieux des anses, tout se réunit pour charmer les yeux et plaire à la pensée ; mais la dif-

Gustave Planche

férence des styles frappera ceux même qui ne sont pas familiarisés avec l'histoire de la statuaire. Sans connaître la raison de leur déplaisir, les personnes étrangères aux transformations des arts du dessin seront choquées de la contradiction qui existe entre les anses et les bas-reliefs. Puisque M. Pradier fait du marbre tout ce qu'il veut, qu'il prenne donc le temps de vouloir avant d'agir ; qu'il délibère avant de composer. Sûr de sa main, qu'il ne recule pas devant les ratures lorsqu'il s'est trompé. Convaincu de l'importance et de l'utilité de la tradition, qu'il lui demande conseil, qu'il imite librement les plus belles œuvres de l'art antique et moderne ; mais qu'il ne néglige jamais de comparer les styles des modèles qu'il choisit avant de les associer dans une œuvre nouvelle. Sans ce travail préliminaire, ses conceptions les plus heureuses seront toujours dépourvues d'unité.

Le modèle en marbre d'un monument consacré à la mémoire de M. Nicolas de Démidoff ne justifie pas la réputation dont jouit M. Bartolini à Florence et dans toute l'Italie. Il y a quelques années, nous avons vu à Paris un buste de Rossini du même auteur, qui ne se distinguait ni par l'élégance ni par la vérité ; le monument que nous avons sous les yeux est une composition assez incohérente, dont l'exécution ne mérite pas de grands éloges. Le groupe principal représente M. Nicolas de Démidoff assis et s'appuyant sur l'Amour filial. A ses pieds, la Reconnaissance agenouillée lui présente une couronne. Aux quatre coins du piédestal sont assises quatre statues allégoriques : la Sibérie, la Charité, Terpsichore et la déesse des festins. Je ne me charge pas d'expliquer pourquoi ces quatre figures se trouvent réunies autour d'un tombeau ; je ne devine pas comment Terpsichore et la déesse des festins se rattachent à la Charité, ni comment la Charité elle-même se rattache à la Sibérie. Que le statuaire ait voulu rappeler la bienfaisance et la générosité de M. Nicolas de Démidoff, je le conçois sans peine ; mais à moins qu'il n'ait protégé d'une façon toute spéciale l'art chorégraphique et l'art culinaire, je ne vois pas pourquoi Terpsichore et la déesse des festins se trouvent placées près de la Charité. Quant à la Sibérie, je suppose qu'elle n'est pas seulement destinée à indiquer la patrie de M. de Démidoff, et qu'elle exprime en même temps l'origine de sa fortune. Quels que soient les motifs qui justifient la présence de chacune de ces figures prise en particulier, il me semble impossible, poétiquement parlant, de concevoir la réunion de ces quatre figures autour d'un tombeau. Si de la composition générale du monument nous passons à la composition individuelle du groupe principal et des quatre figures allégoriques, nous n'avons pas lieu d'être beaucoup plus satisfait. M. Nicolas de Démidoff est bien assis et ne manque pas de gravité ; l'Amour filial n'est qu'insignifiant ; quant à la Reconnaissance, elle a le tort de ne pas regarder l'homme qu'elle veut couronner. Elle est affaissée sur elle-même et détourne la tête. Si M. Bartolini a voulu réunir dans cette figure l'expression de la reconnaissance à l'expression de la douleur, à mon avis il s'est trompé, car la statuaire s'accommode difficilement d'une telle complication. La Charité a le front ceint d'un diadème ; pourquoi ? je n'en sais rien. L'enfant qu'elle tient sur ses genoux est de la taille d'un adolescent ; l'enfant qui se tient debout, à la droite de la Charité, touche du bout de la main gauche un des pieds de l'enfant malade que la Charité tient sur ses genoux ; c'est-à-dire que sur trois figures il y en a une complètement détachée des deux autres. La Sibérie est chargée d'une draperie disgracieuse, et entoure de son bras droit un enfant dont la forme est à peine ébauchée. La déesse des festins tient un vase dans sa main droite et appuie son bras gauche sur une lyre ; la tête de cette figure est grêle et inanimée. Terpsichore est assise comme une femme qui sort du bain et paraît vouloir s'envelopper. Le corps entier est nu et traité avec une sorte d'élégance vulgaire. Dans cette figure comme dans les trois autres, la longueur du torse et des membres est exagérée sans avantage. La poitrine et les cuisses sont modelées avec une évidente facilité, mais ne se recommandent ni par la pureté ni par la précision. Quant à la tête de Terpsichore, elle ne vaut ni plus ni moins que la tête de la Charité, de la Sibérie ou de la déesse des festins ; c'est un masque insignifiant, qui se trouve au bout de l'ébauchoir, sans que la pensée du statuaire ait besoin d'intervenir, une espèce de lieu commun dont les doigts se souviennent et qui échappe à la discussion. Incohérente sous le rapport poétique, l'œuvre de M. Bartolini n'a donc qu'un mérite très secondaire sous le rapport plastique. Est-ce à dire que nous devions révoquer en doute la légitimité de la renommée dont M. Bartolini jouit dans sa patrie ? A Dieu ne plaise que nous nous hâtions de prononcer ! les pièces nous manquent, et nous ne pouvons juger en pleine connaissance de cause la valeur absolue de M. Bartolini. Il a sans doute produit des œuvres très supérieures au monument que nous avons sous les yeux ; il est probable cependant qu'il se distingue plutôt par l'habileté de la main que par l'élévation de la pensée. Un statuaire habitué à la réflexion n'eût jamais songé à réunir autour d'un tombeau les quatre figures que nous venons d'analyser, ou si, par un caprice inexcusable, il se fût décidé à les réunir, il n'aurait pas négligé de les caractériser nettement et de donner à chacune de ces figures une expression individuelle. Si M. Bartolini n'a pas satisfait à

Gustave Planche

cette dernière condition, c'est qu'il n'en a pas compris la nécessité, et cette faute suffit pour démontrer qu'il n'a pas droit au premier rang.

Le *Christ expirant sur la croix*, de M. Maindron, est, à notre avis, très supérieur à la *Velléda* du même auteur : le mouvement général de cette figure est heureusement conçu ; la poitrine et les bras sont étudiés avec soin et rendus avec habileté. Toutefois, je pense qu'il eût mieux valu donner une direction uniforme aux doigts de chaque main. Il est probable que M Maindron a voulu, en donnant à chaque doigt une direction particulière, exprimer les symptômes de la souffrance ; mais je pense que les lois de son art lui conseillaient plus de simplicité. La tête offre tous les caractères de l'agonie ; les yeux, la bouche et les joues disent clairement, que le supplicié va mourir ; malheureusement, M. Maindron, uniquement préoccupé de l'expression de la douleur, a négligé d'inscrire la divinité sur le front du Christ. Il a modelé la tête d'un homme expirant ; il a oublié qu'il avait à modeler la tête d'un dieu revêtu de la forme humaine. Le visage de son Christ, bien que traité avec une vérité remarquable, ne satisfait pas la pensée du spectateur, car il est dépourvu d'élévation. La chevelure et la couronne d'épines sont disposées de telle sorte que la tête paraît un peu trop grosse. Les détails musculaires des deux aisselles sont indiqués avec franchise, et révèlent chez M. Maindron le désir sincère de copier la nature qu'il a sous les yeux. Peut-être ce désir est-il chez lui poussé trop loin ; peut-être eût-il mieux valu ne pas transcrire avec l'ébauchoir tout ce que l'œil aperçoit dans le modèle vivant. L'omission volontaire de plusieurs détails eût donné à la partie supérieure de cette figure plus d'élégance et de majesté. Je n'approuve pas le mouvement donné par M. Maindron à la cuisse gauche de son Christ ; le sujet prescrivait impérieusement de placer les deux cuisses sur le même plan. J'ajouterai que les muscles de la cuisse gauche sont traduits mollement ; la forme des pieds est pauvre et vulgaire. Nous devons regretter que M. Maindron n'ait pas apporté plus de soin dans cette partie de son travail. Je crois volontiers qu'il a copié la forme qu'il avait sous les yeux ; mais si M. Maindron avait devant lui un modèle vulgaire, il devait le rectifier, ou s'il se défiait de son savoir, il devait s'efforcer de trouver un modèle plus élégant et plus riche. Quoique les autres parties de la figure aient une forme plus heureusement choisie, l'ensemble de cet ouvrage n'est pas traité dans le style que réclamait le sujet. M Maindron paraît plein de zèle ; il poursuit ses études avec persévérance, et si chacun de ses ouvrages n'est pas un progrès, s'il se rencontre, dans la série de ses travaux, des aberrations fâcheuses, telles que la *Velléda* de l'année dernière, son talent est cependant supérieur à ce qu'il était il y a cinq ans. Mais il est évident pour nous que M. Maindron se préoccupe à peu près exclusivement du côté réel de son art, et en néglige presque toujours le côté poétique. Il consacre ses journées à lutter avec la nature vivante ; et il oublie de consulter les monuments de l'art antique. Il ramène la statuaire à son point de départ et contemple trop rarement les marbres grecs, qui lui enseigneraient l'art d'agrandir la réalité en l'interprétant. Toutefois, le Christ de M. Maindron doit être compté parmi les meilleurs ouvrages du salon de cette année. Il ne faut pas oublier, en effet, que le sujet traité par M. Maindron est tout simplement un des problèmes les plus difficiles que la statuaire puisse se proposer. Un Christ, pour ne rien laisser à désirer, doit offrir l'union de la science et de l'inspiration. Il ne faut pas seulement que la tête souffre, il faut qu'elle soit divine, c'est-à-dire qu'elle présente à l'œil du spectateur la plus haute expression de la résignation et de la grandeur. Si M. Maindron avait triomphé de toutes les difficultés que renferme une telle donnée, il serait dès aujourd'hui un artiste consommé ; l'art antique n'aurait plus de conseils à lui offrir. En jugeant le Christ de M. Maindron, n'oublions donc pas le nombre des difficultés qu'il avait à vaincre, et tenons-lui compte du savoir et de la patience qu'il a déployés. Jusqu'à présent, il ne paraît pas avoir compris toute l'importance de la beauté linéaire ; il a presque toujours subordonné la forme à l'expression, à l'accent ; son devoir est maintenant d'étudier sans relâche l'art de concilier l'énergie et la forme, l'expression et la beauté. Il devra se résigner à de nouvelles études ; mais il a donné trop de preuves de persévérance pour que nous désespérions de le voir bientôt toucher le but que nous lui désignons.

L'*Oreste* de M. Simart est sans contredit la meilleure statue du salon. Le mouvement général de la figure est plein de naturel et de vérité ; les muscles de la poitrine sont rendus avec une habileté qui ne laisse rien à désirer. Le dos et les membres, sans offrir la même richesse, la même élégance d'exécution, sont traités cependant avec une remarquable finesse. L'expression de la tête est bien celle qui convient au sujet, mais les yeux manquent de beauté, et les joues sont trop simples pour le front. Après avoir longtemps considéré la tête de cette figure, je me suis demandé pourquoi la chevelure d'Oreste paraît si pesante, et je crois que cela tient à ce qu'elle recouvre entièrement les oreilles. Je suis convaincu que si les oreilles étaient à moitié dégagées, les cheveux gagneraient beaucoup en légèreté, et que la tête entière deviendrait plus élégante. Élève de MM.

Gustave Planche

Ingres et Pradier, M. Simart a dignement profité de leurs leçons. La figure dont nous parlons est assurément un des ouvrages les plus recommandables que nous devions à l'école de Rome. Quelles que soient pourtant les qualités qui distinguent cette figure, M. Simart est loin encore de satisfaire à toutes les conditions de la statuaire. Le mouvement de son *Oreste* est naturel et vrai, mais il convient plutôt au bas-relief qu'à la ronde bosse ; envisagée sous ses différentes faces, cette figure offre un ensemble de lignes qui, sans être disgracieux, ne réussit pourtant pas à contenter le regard. Chacune de ces lignes s'explique facilement et concourt d'une façon claire a l'expression de l'épuisement ; mais la sculpture ronde bosse a d'autres exigences que le bas-relief. Il faut qu'une figure isolée intéresse à peu près également le spectateur sous quelque face qu'elle se présente. Or la statue de M. Simart, quoique traitée avec le même soin dans toutes ses parties, n'offre cependant qu'une face intéressante. Les autres côtés de la figure donnent à penser que l'*Oreste* faisait partie d'une composition dont nous ne possédons qu'un fragment. Il me reste à présenter sur cette statue une observation qui pourrait malheureusement s'appliquer aux meilleurs ouvrages de la statuaire contemporaine. J'ai dit que les plans musculaires de la poitrine d'Oreste se recommandent par l'élégance et la vérité : ce mérite est assez évident pour n'avoir pas besoin d'être signalé ; mais le style de ce morceau n'a rien d'idéal, rien d'héroïque. En prenant le sujet de son œuvre dans Eschyle, M. Simart se mettait dans l'obligation de s'élever au-dessus de la réalité que nous avons chaque jour sous les yeux ; or je ne trouve pas dans l'*Oreste* de M. Simart la grandeur que réclame un tel personnage. Sans copier servilement les monuments de l'art antique, l'auteur devait imiter les belles divisions musculaires de l'Ilissus et du Thésée. En contemplant ces deux admirables figures, chacun devine qu'il n'a pas devant les yeux des personnages ordinaires, et cette impression ne dépend pas seulement de l'habileté du statuaire, elle s'explique aussi par les belles divisions dont je parlais tout à l'heure. La poitrine du Thésée offre des plans que la nature vivante ne contredit pas, mais qui sont d'une largeur, d'une hardiesse idéale. Ce que je reproche à l'*Oreste* de M. Simart, c'est de rappeler trop fidèlement la réalité. En étudiant cette figure, nous prenons plaisir à retrouver dans le torse et les membres tous les détails du modèle humain ; mais cette figure est traitée avec une vérité si littérale, elle reproduit si scrupuleusement toutes les parties de la réalité, qu'elle nous empêche d'ajouter foi à la création de l'auteur. Au lieu d'Oreste, nous ne voulons voir qu'un jeune homme épuisé, haletant ; au lieu d'un personnage tragique, nous n'avons qu'une figure d'étude.

Ces considérations résument assez nettement toute notre pensée sur le salon de cette année. Ce qui manque en effet à la plupart des ouvrages de statuaire et de peinture, souvent même à ceux qui se recommandent d'ailleurs par des qualités solides, c'est une grandeur, une harmonie que les artistes chercheraient vainement dans l'imitation littérale de la nature, et qui ne relève que de la pensée. Si les statuaires et les peintres de nos jours veulent obtenir une gloire durable, il faut qu'ils se pénètrent profondément d'une vérité qui semble aujourd'hui méconnue. Le modèle humain le plus riche, le paysage le plus séduisant ne peut être imité heureusement qu'à condition d'être interprété par l'intelligence du peintre ou du statuaire ; la reproduction littérale de la réalité ne pourra jamais enfanter que des ouvrages incomplets.

ISBN : 978-1546938026

Gustave Planche